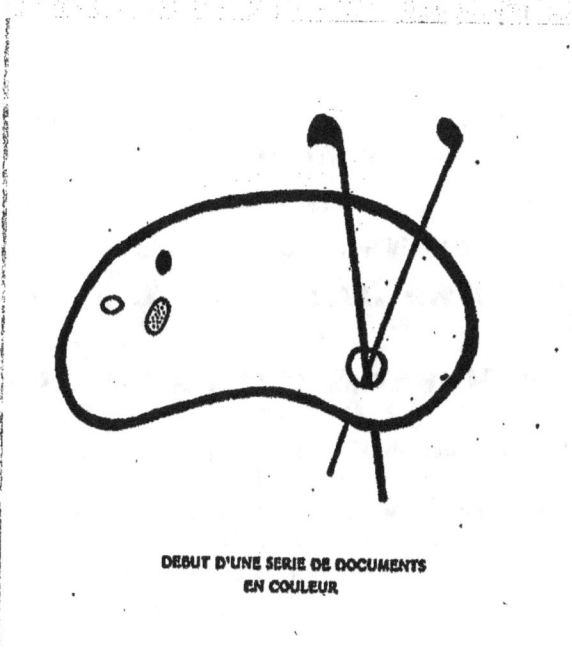

DEBUT D'UNE SERIE DE DOCUMENTS
EN COULEUR

CATALOGUE

D'UNE BELLE COLLECTION

TABLEAUX

ANCIENS,

des Écoles Italienne, Espagnole, Flamande et Française,

DONT LA VENTE AURA LIEU

HOTEL DES VENTES MOBILIÈRES,

RUE DES JEUNEURS, N. 42,

Salle n. 1,

LES MARDI 29 ET MERCREDI 30 MARS 1853,

à une heure.

Par le ministère de M° **RIDEL**, Commissaire-Priseur, 335, rue Saint-Honoré,

Assisté de M. Ferdinand **LANEUVILLE**, Expert, rue Neuve des Mathurins, 73,

Chez lesquels se distribue le présent Catalogue.

EXPOSITION PUBLIQUE

Les Dimanche 27 et Lundi 28 Mars 1853, de midi à quatre heures.

PARIS.

MAULDE & RENOU,

IMPRIMEURS DE LA COMPAGNIE DES COMMISSAIRES-PRISEURS,

Rue de Rivoli prolongée.

1853

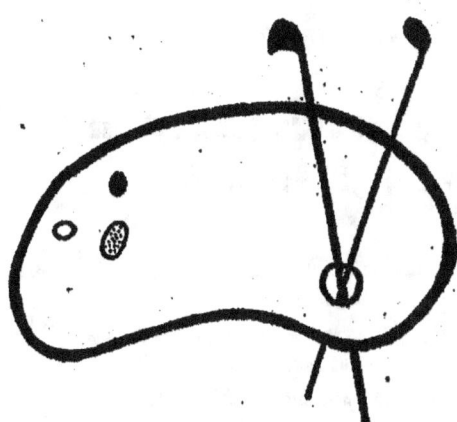

FIN D'UNE SERIE DE DOCUMENTS
EN COULEUR

CATALOGUE

D'UNE BELLE COLLECTION

DE

TABLEAUX

ANCIENS,

des Écoles Italienne, Espagnole, Flamande
et Française,

DONT LA VENTE AURA LIEU

HOTEL DES VENTES MOBILIÈRES,

RUE DES JEUNEURS, 42 BIS,

Salle n. 1,

LES MARDI 29 ET MERCREDI 30 MARS 1853,

à une heure,

Par le ministère de Me RIDEL, Commissaire-Priseur,
rue Saint-Honoré, 335,

Assisté de M. Ferdinand LANEUVILLE, Expert,
rue Neuve des Mathurins, 73,

Chez lesquels se distribue le présent Catalogue.

EXPOSITION PUBLIQUE

Les Dimanche 27 et Lundi 28 Mars 1853, de midi à quatre heures.

MAULDE & RENOU

IMPRIMEURS DE LA COMPAGNIE DES COMMISSAIRES-PRISEURS,
rue de Rivoli prolongée, au coin de la rue de l'Arbre-Sec.

1853

AVERTISSEMENT

Dans la Vente que nous sommes chargés de faire, les Musées de province trouveront l'occasion d'acquérir de très beaux Tableaux de grandes dimensions.

Nous recommandons aussi à MM. les Amateurs une belle réunion de Tableaux meublants par Boucher, Fragonard, Oudry et Lancret, ainsi que plusieurs beaux Portraits historiques.

On trouvera aussi une précieuse Marine par G. Van de Velde.

Tous les Tableaux de cette collection sont entourés de cadres anciens en bois sculpté et redorés à neuf.

CONDITIONS DE LA VENTE.

Elle sera faite au comptant.
Les acquéreurs paieront cinq pour cent en sus des adjudications.

DÉSIGNATION
DES TABLEAUX

ALBANE (ÉCOLE DE).

1 — Jeune femme jouant avec des Amours. Grand tableau de place.

BAPTISTE.

2 — Riche bouquet de fleurs dans un vase; auprès, une brouette renversée chargée de fruits, sur laquelle un singe est monté pour prendre du raisin. *Vendu à Gamba — 301*

DU MÊME.

3 — Un vase rempli de fleurs; à terre, des fruits.

DU MÊME.

4 — Vase de fleurs renversé; auprès, divers fruits.

BEEK (1710).

5 — Un plafond représentant les quatre saisons.

BERKEYDEN (J.).

6 — Intérieur d'église.

BLENRENBERG (Van).

7 — Vue d'un camp.

DU MÊME.

8 — Même sujet.

BOILLY (Père).

9 — La partie de dames.

DU MÊME.

10 — La partie de cartes. Pendant.

DU MÊME.

11 — La jeune ménagère.

DU MÊME.

12 — Une jeune femme lisant une lettre.

BOTH D'ITALIE.

13 — Site d'Italie; sur une route, plusieurs voyageurs.

BOUT et BAUDOWINS

14 — La sortie de l'église.

BOUCHER.

15 — Vénus désarmant l'Amour.

DU MÊME.

16 — Les Arts libéraux.

DU MÊME.

17 — L'Innocence et la Volupté. Deux têtes dans un même cadre.

DU MÊME.

18 — Deux portraits de femmes en costume moscovite.

DU MÊME (SIGNÉ).

19 — Sujet pastoral. Dessus de porte en camaïeu bleu.

DU MÊME (GENRE DE).

20 — Jeune fille un bouquet sur le sein.

DU MÊME.

21 — Jeune fille un panier de fleurs à la main. — Pastel.

DU MÊME.

22 — Les oies du frère Philippe. — Dessin à la plume.

BOULLONGNE (L. DE).

23 — Bacchus et Ariane.

DU MÊME.

24 — Vertumne et Pomone.

BOURDON (S.).

25 — Cléopâtre faisant fondre la perle.
Cabinet de Cypierre.

DU MÊME.

26 — Le jugement de Pâris. Pendant du précédent.

BOWTTULS (J.).

27 — Fruits et fleurs posés à terre et divers oiseaux.

BRAUWER.

28 — Intérieur de cabaret.

BREUGHEL.

29 — Site montagneux.

CARREME.

30 — La moisson. — Gouache.

DU MÊME.

31 — Intérieur d'une guinguette. — Gouache.

DU MÊME.

32 — Une Bacchanale.

CHAMPAIGNE (Ph. de).

33 — Un plafond rond représentant un sujet allégorique.

DU MÊME.

34 — Un autre. — Même sujet.

CHARDIN.

35 — Jeune garçon coiffé d'un chapeau noir.

DU MÊME (GENRE DE).

36 — La leçon de danse

DU MÊME (ÉCOLE).

37 — Jeune femme prenant son café.

LAHIRE (LAURENT DE).

38 — Suzanne et les vieillards.

DESPORTES.

39 — Sur une table de marbre sont déposés un coq, une perdrix et divers attributs de chasse.

DOLCI (GENRE DE C.).

40 — Jeune femme les cheveux tombant sur les épaules, la main gauche posée sur le sein.

DURER (ALBERT, 1504).

41 — La maison de saint Joseph.

DURER (ALBERT).

42 — Un dessin à la plume.

DYCK (van.).

43 — Le Temps et la Sagesse protégeant les Arts contre les fureurs de la Guerre.

<small>Ce superbe tableau convient parfaitement à un Musée de province.</small>

FRAGONARD.

44 — Offrande à l'Amour.

DU MÊME.

45 — Offrande à Pan.

DU MÊME.

46 — Intérieur d'un parc. Un jeune homme pince de la guitare, une femme l'écoute.

DU MÊME.

47 — Pâtres gardant des vaches et des chèvres.

DU MÊME.

48 — Jeune fille le sein découvert, un collier de perles au cou.

DU MÊME.

49 — L'Amour maître d'école. *tableau de Bordeaux* 195
50 — *vendus ensemble à gamba*

DU MÊME.

50. — L'Amour déguisé en marquise.

DU MÊME.

51 — Jeune fille coiffée d'une toque à plumes

DU MÊME.

52 — Pygmalion.

DU MÊME.

53 — Un Amour couché sur des nuages, son arc à la main.

AU MÊME (ATTRIBUÉ).

54 — Le départ pour le marché

DU MÊME.

55 — Le retour.

DU MÊME.

56 — La visite à la ferme.

DU MÊME.

57 — La nourrice.

DU MÊME.

58 — Les quatre heures du jour.

FRANCK FLORE.

59 — Vénus et des Amours.

GIORDANO (Lucas).

60 — Le martyre de saint Barthélemy.

GONZALÈS COQUES.

61 — Une princesse tient son enfant par la main ; un autre plus petit est posé sur une table.

GREUZE.

62 — La jeune fille à la colombe.
Collection du comte Helslinger.

DU MÊME.

63 — La prière.
Collection Camos.

DU MÊME.

64 — La petite liseuse.

DU MÊME.

65 — La jeune Polonaise.

GUERCHIN.

66 — Suzanne au bain.

GUIDE (ATTRIBUÉ).

67 — Un Amour tenant une flèche.

HERR (M., 1628).

68 — Sujet tiré de la Bible.

HOLBEIN (ATTRIBUÉ).

69 — Portrait de femme avec une chaîne d'or au cou.

HUET (1781).

70 — Une femme déjeûnant. — Aquarelle.

DU MÊME.

71 — La toilette de bal. — Aquarelle.

JANECK.

72 — La Séduction.

DU MÊME.

73 — Même sujet. Pendant du précédent.

JORDAENS.

74 — Le Temps.

KEYSER (SIGNÉ).

75 — Choc de cavalerie.

DU MÊME.

76 — Même sujet.

LANCRET

77 — La leçon de guitare.

LANTARA.

78 — Marine. Effet de lune.

LATOUR.

79 — Portrait de jeune femme habillée de rose. — Pastel.

DU MÊME.

80 — Portrait de Carlin. — Pastel.

Mlle LEDOUX.

81 — Jeune fille tenant un chien noir.

DU MÊME.

82 — Jeune garçon tenant un chien de chasse.

MEULEN (Van der).

83 — Marche d'armée.

MIGNARD.

84 — Portrait de M#me# de Maintenon en costume des dames de Saint-Cyr.

                              Collection Aguado.

DU MÊME.

85 — Beau portrait de femme du temps de Lous XIV. Riche costume de cour avec manteau bleu.

DU MÊME.

86 — Portrait de M#me# de la Sablière.

DU MÊME (GRAVÉ).

87 — Saint Luc.

DU MÊME (ÉCOLE).

88 — Portrait de femme, règne de Louis XIV. Corsage brodé.

MURILLO.

89 — Portrait d'un jeune homme, costume noir.

NATTIER.

90 — Portrait de Marie de Leckzinska, femme de Louis XV, en costume polonais.

DU MÊME.

91 — Portrait de Mme Louise de France, riche costume Louis XV.

DU MÊME.

92 — Portrait d'une infante d'Espagne tenant des fleurs.

DU MÊME.

93 — Portrait de Mme de Pompadour.

DU MÊME.

94 — Portrait d'une jeune femme un collier de perles au cou.

DU MÊME.

95 — Jeune femme avec un peignoir de mousseline.

NETSCHER (C.).

96 — Petit portrait d'homme.

DU MÊME.

97 — Portrait de femme. Pendant du précédent.

DU MÊME.

98 — Portrait d'une femme de la cour de Louis XIV. Riche costume.

OUDRY.

99 — Un salon composé de quatre panneaux et quatre dessus de porte, avec des sujets tirés de la Fable.

DU MÊME.

100 — Chasse au sanglier.

DU MÊME.

101 — Chasse au loup. Pendant du précédent.

DU MÊME.

102 — Chasse au sanglier.

PAOLA ALBONI DE BOLOGNE (signé, 1715).

103 — Beau paysage d'une grande finesse.

PERIN.

104 — Une jeune Sœur faisant manger un chat.

DU MÊME (1776).

105 — La duchesse douairière d'Orléans dans son salon.

PETERS (B.).

106 — Marine chargée d'un grand nombre de navires.

POOL (Van der).

107 — Incendie.
Collection Camos.

PORBUS.

108 — Portrait d'une femme de la cour de Henri II.

POUSSIN (École du).

109 — Jésus remettant les clefs à saint Pierre.

PRIMATICE.

110 — Vénus et l'Amour.

PROCCACCINI.

111 — Suzanne surprise au bain par les vieillards.

RAPHAEL (D'APRÈS).

112 — Sainte Famille.

REMBRANDT (GENRE DE).

113 — Combat de cavalerie.

RIBERA.

114 — Sacrifice d'Abraham.

ROBERT.

115 — Paysage avec cascade.

ROMBOUTS.

116 — Route traversant un village. Un grand nombre de figures animent ce tableau.

ROOSSE (SIGNÉ).

117 — Ours dans la montagne.

DU MÊME.

118 — Cerfs dans un bois.

ROUSSE.

119 — Ours mangeant une fourmilière.

RUBENS.

120 — Henriette de Lorraine. Elle est vêtue de noir et tient une rose à la main.

DU MÊME (ÉCOLE).

121 — La Vierge tenant l'Enfant Jésus sur les genoux ; près d'eux, saint Jean.

Rond.

DU MÊME (ÉCOLE).

122 — Cléopâtre.

RUYSDAEL (J.)

123 — Marine. Effet d'orage.

SALVATOR ROSA.

124 — Saint Marc l'évangéliste.

SAUVAGE.

125 - Six dessus de porte en grisaille.

TENIERS (D., SIGNÉ).

126 — Au pied d'un monticule surmonté de ruines, un pâtre garde un troupeau de vaches et de moutons.

TITIEN (D'APRÈS).

127 — Deux gravures représentant des Vénus couchées.

TOQUÉ (Louis) ET OUDRY.

128 — La visite à la ferme. Ce magnifique tableau est enrichi d'un grand nombre d'animaux de basse-cour.

VALIN.

129 — Nymphes poursuivies par des Amours.

DU MÊME.

130 — Nymphes faisant une offrande.

VANLOO (GRAVÉ).

131 — Un Amour près d'un buisson de roses.

DU MÊME.

132 — La Musique, la Peinture, la Sculpture et l'Architecture.

VELASQUEZ EN ITALIE.

133 — Portrait d'une petite fille un collier de corail au cou.

DU MÊME (ÉCOLE).

134 — Portrait d'une infante.

VELDE (G. VAN DEN).

135 — Ce précieux tableau représente une marine par un temps calme, couverte de bâtiments de différentes espèces.

VÉRONÈSE (ATTRIBUÉ A P.).

136 — Jésus guérissant des boiteux.

WATTEAU (ATTRIBUÉ A .

137 — La duchesse de Longueville en riche costume espagnol.

GOTHIQUE.

138 — Vierge couronnée par deux anges.

DU MÊME.

139 — La Vierge tenant l'Enfant Jésus.

ÉCOLE ITALIENNE.

140 — Noé endormi.
141 — Jésus-Christ au jardin des Oliviers.
142 — Sujet allégorique.

ÉCOLE ESPAGNOLE.

143 — Le martyre de saint Sébastien.

ÉCOLE FLAMANDE.

144 — Paysage avec ruines. Plusieurs figures animent ce tableau.
145 — Tableau votif.
146 — Portrait d'un jeune homme vêtu de gris.

ÉCOLE ALLEMANDE.

147 — Sainte Madeleine prosternée aux pieds du Seigneur ; un ange est près d'elle ; dans le haut, une gloire d'anges.
148 — Sainte Madeleine dans une grotte ; elle tient une croix à la main.

ÉCOLE FRANÇAISE.

149 — Vénus couchée.

INCONNUS.

150 — Portrait d'une princesse de Conti.
151 — Portrait d'une princesse d'Orléans tenant dans ses mains un coquillage.
<small>Le même est au Musée de Versailles.</small>

152 — Fruits divers posés à terre ; auprès, un chat.
153 — Portrait de Maximilien en grand costume.
154 — Six beaux portraits en pied représentant des personnages de la maison de Créqui-Longefort.
155 — Portrait de Tékély.
156 — Portrait d'un grand d'Espagne, xve siècle, appuyé sur son épée.
157 — Portrait de femme.
158 — Incendie d'une ville. Effet de nuit.
159 — Paysage maritime. Effet de lune.
160 — Portrait de Mme de Pompadour. — Pastel.
161 — Quantité de toiles roulées formant plusieurs lots.
162 — La Vierge et l'Enfant. Toile peinte.
163 — Sous ce numéro, seront vendus les objets omis.

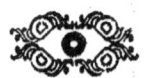

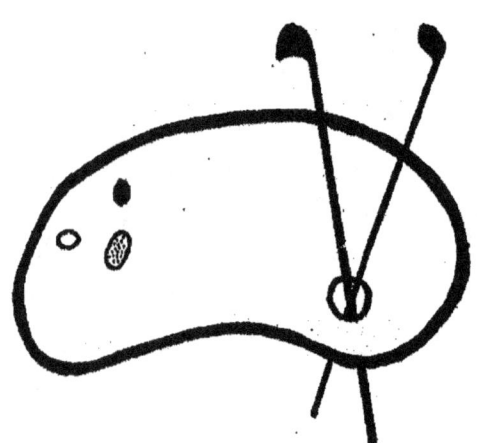

ORIGINAL EN COULEUR
N° Z 43-120-8

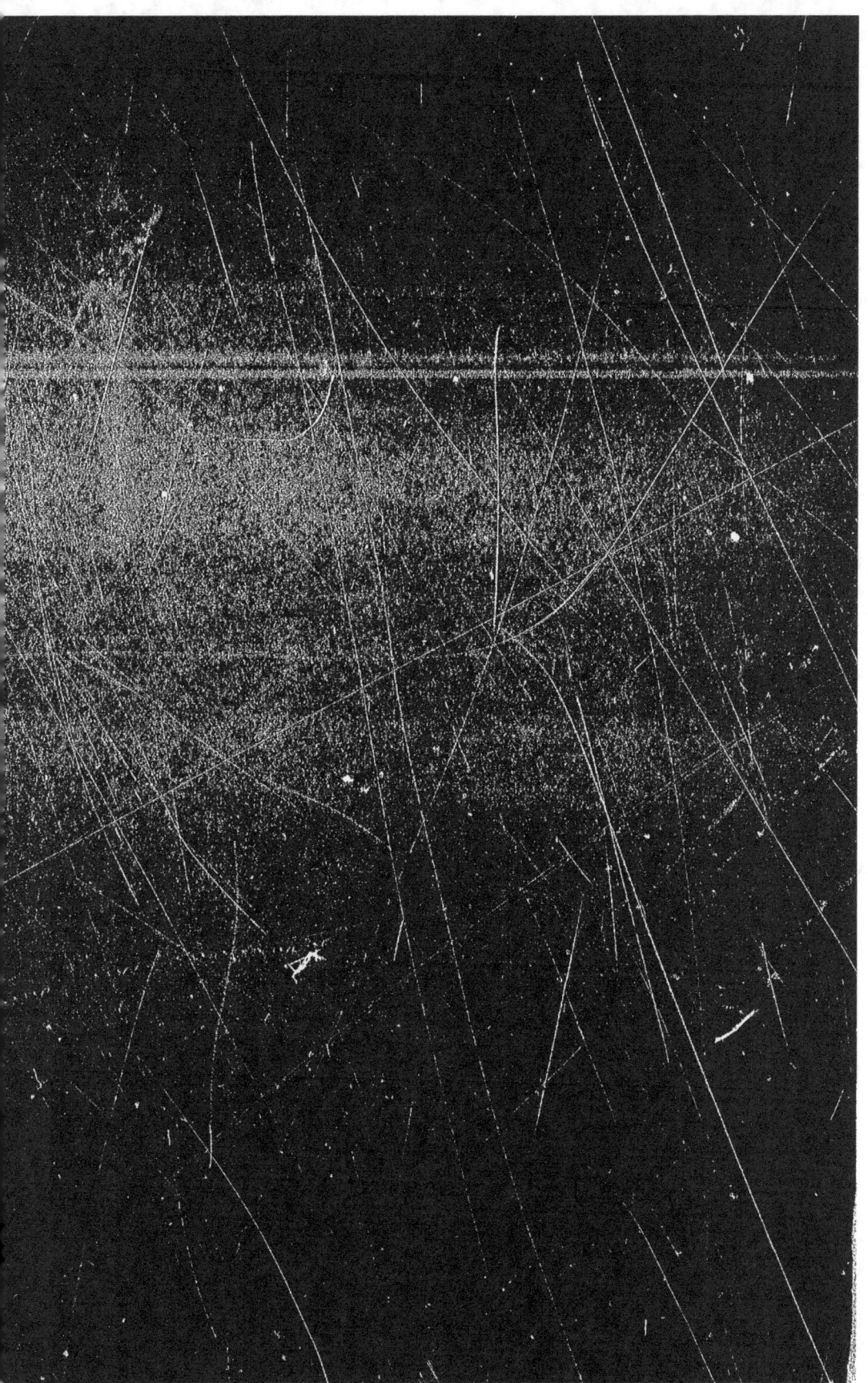

www.ingramcontent.com/pod-product-compliance
Lightning Source LLC
Chambersburg PA
CBHW030106230526
45471CB00003B/1290